Mi Primer
Libro de Oraciones

Por el

PADRE LORENZO G. LOVASIK, S.V.D.

Misionero de la Divina Palabra

CATHOLIC BOOK PUBLISHING CORP.

Nueva Jersey

© 1983 by Catholic Book Publishing Corp., N.J. — Printed in / Impreso en China—ISBN 978-0-89942-460-6

CPSIA May / mayo 2018   10 9 8 7 6 5 4 3   L/P

EL PADRE NUESTRO

PADRE nuestro,
　que estás en el cielo
santificado sea tu nombre,
venga tu reino;
hágase tu voluntad
en la tierra como en el cielo;
danos hoy nuestro pan de cada día;
perdona nuestras ofensas,
como también nosotros perdonamos
a los que nos ofenden;
no nos dejes caer en tentación,
y líbranos del mal.

EL AVE MARIA

¡DIOS te salve, María!
Llena eres de gracia;
el Señor es contigo;
bendita tú eres entre todas las mujeres,
y bendito es el fruto de tu vientre, Jesús.

Santa María,
Madre de Dios,
ruega por nosotros pecadores,
ahora y en la hora
de nuestra muerte. Amén.

A LA SANTA TRINIDAD

GLORIA al Padre, y
al Hijo,
y al Espíritu Santo.

Como era en el principio,
ahora y siempre,
y por los siglos de los siglos. Amén.

EL CREDO DE LOS APOSTOLES

CREO en **Dios, Padre** todopoderoso,
Creador del cielo y de la tierra,
y en **Jesucristo,** su único Hijo, Nuestro Señor,
que fue concebido por obra y gracia del
Espíritu Santo,
nació de Santa María Virgen,
padeció bajo el poder de Poncio Pilato,
fue crucificado, muerto y sepultado.
Descendió a los infiernos;
al tercer día resucitó de entre los muertos;
subió a los cielos,
y está sentado a la diestra de Dios
Padre Todopoderoso;
y desde allí ha de venir a juzgar
a los vivos y a los muertos.
Creo en el **Espíritu Santo,**
la Santa Iglesia Católica,
la comunión de los santos;
el perdón de los pecados;
la resurrección de los muertos
y la vida eterna. Amén.

ACTO DE FE

OH Dios mío, creo
   qe Tú eres un solo Dios,
en tres Personas Divinas,
el Padre, el Hijo y el Espíritu Santo.

Creo en todo lo que la Iglesia enseña,
   porque Tú me lo has revelado.

ACTO DE ESPERANZA

OH Dios mío, espero en Ti
   porque Tú eres todo bondad
y puedes hacerlo todo.

Espero que Tú me perdones mis pecados,
   y me ayudes con Tu gracia.

ACTO DE AMOR

OH Dios mío, Te amo con todo mi corazón
   y con toda mi alma
por ser Tú todo bondad.

Por amor a Ti amo a mi prójimo
   como a mí mismo.

ORACION CUANDO NOS ARREPENTIMOS DEL PECADO

OH Dios mío, me arrepiento de mis pecados
con todo el corazón.
Por haber escogido hacer el mal
y no hacer el bien,
he pecado contra Ti.

Firmemente prometo, con Tu ayuda,
hacer peitencia, no pecar más
y evitar en adelante toda ocasión de
pecado.

7

ORACIONES DE LA MAÑANA

VEN, Espíritu Santo,
   ayúdame a decir bien
mis oraciones.

Oh Santísima Trinidad,
   Creo en Ti, Espero en Ti,
   Te amo y Te adoro.

OH Dios mío,
   Te ofrezco;
   por el Inmaculado Corazón de María
   todos mis pensamientos, palabras, obras,
   y sufrimientos de este día,
   para agradarte, para darte honor
   y como reparación de mis pecados.

Dulce Madre María,
   cuida de mí.

OH María Virgen Madre,
   ayúdame a alcanzar el cielo.
Madre de Jesús, cuídame
   siempre como a tu hijo querido.

ORACIONES DE LA NOCHE

DIOS y Padre mío,
gracias Te doy
por todas las bendiciones
que me has dado hoy.

Me arrepiento de mis pecados
porque Te han ofendido,
mi Padre querido.

Perdóname, oh Dios,
   y ayúdame a no volverte a ofender.

Ten compasión de los pobre pecadores,
   y de todos aquellos que necesitan de Ti.

Bendice a mi padre y a mi madre,
   mis hermanos, hermanas y amigos.

En Tu nombre, oh Dios,
   voy a dormir esta noche.

Querida Madre María,
   ayúdame a querer más a Dios
   y aléjame de todo pecado.

Angel de mi
   Guarda,
   ayúdame.

¡Jesús, María
   y José!

ORACION AL
NIÑO JESUS

QUERIDO Niñito Jesús,
   Te doy gracias por haber
venido desde el cielo,
para ser un Niño como yo.

Quiero ser como Tú—
   tierno, puro y bueno.
Sé siempre mi Amigo
   y aleja de mi alma el pecado.

Bendice a mi madre, a mi padre y también
   a mis hermanos y hermanas.

Bendice a todo aquel que es bueno conmigo
   y a todos los que están necesitados.

¡Jesús, Niño Salvador,
   dale paz al mundo!

ORACION A
LA SAGRADA FAMILIA

JESUS, Hijo de María, Te amo
con todo mi corazón y mi alma.

María, llévame a Jesús,
y haz que lo ame aún más.

José, guárdame de todo mal
y cuídame siempre.

Jesús, María y José,
Les doy mi corazón y mi alma.

Oh, Sagrada Familia, bendice
mi familia también,
para que vivamos como ustedes
en la paz y el amor de Dios.

Y cuando termine nuestra vida,
Jesús, María y José,
llévennos al cielo donde ustedes están.

ORACION AL
NIÑO JESUS

JESUS, teniendo doce años,
   hallaste júbilo en el Templo,
   orando y hablando acerca de Dios.

Ayúdame a aprender mi Catecismo,
   y a conocer más acerca de Dios.

Cuando dejaste el Templo
   con María y José,
   Tú les obedeciste en todo.

Ayúdame a obedecer a mis padres,
   sacerdotes y maestros.

Ayúdame a ser como Tú,
   en todo lo que digo y hago,
   para poder siempre agradar a Dios.

Jesús, amigo de los niños,
   bendice a los niños de todo el mundo.

ORACION A SAN JOSE

BUEN San José,
yo te amo y te venero
como padre adoptivo de Jesús,
casto esposo de María,
y cabeza de la Sagrada Familia.

Purifica mi corazón y llénalo de
amor a Jesús y María.

Sé cabeza de nuestra familia
y llévanos cerca de Dios.

Oh, San José, danos la paz
y bendiciones celestiales
y sobre todo, mucho amor.

San José, permanece con nosotros
cuando más te necesitamos—
que podamos morir como tú,
en brazos de Jesús y María.

Que por tus oraciones
podamos llegar al cielo
y morar con Dios para siempre.

ORACIONES A JESUS, MI MAESTRO

QUERIDO Jesús, Maestro mío,
Tú eres el Camino,
la Verdad y la Vida.

Enséñame las verdades
que Tú has dado a
Tu Iglesia.

Llena mi alma con Tu gracia
para que yo pueda amar a Dios
sobre todas las cosas,
y a mi prójimo como a mí mismo.

Por Ti quiero obedecer
a mis padres y maestros,
que ocupan Tu lugar.

Jesús, Amigo de los niños,
bendíceme y bendice a los niños
de todo el mundo.

ORACION
ANTE UN CRUCIFIJO

MIRAME, dulce y manso Jesús,
arrodillado ante Ti.

Fortalece mi alma
en la fe, esperanza y amor.

Haz que me arrepienta
sinceramente de mis pecados
para nunca pecar más.

Yo lo siento mucho
cuando veo las heridas
en Tus manos y en Tus pies,
y pienso en las palabras
de Tu profeta, David:
"Han traspasado mis manos
y mis pies."

¡Señor, Jesús Crucificado,
ten piedad de nosotros!

ORACION AL SAGRADO CORAZON DE JESUS

SACRATISIMO Corazón de Jesús, ten piedad de nosotros.

Dulce Corazón de Jesús,
en Ti confío.

ORACIONES AL INMACULADO CORAZON DE MARIA

PURISIMO Corazón de María,
manten mi corazón libre de pecado.

Dulce Corazón de María,
sálvame.

SALVE, REINA Y MADRE

¡DIOS te salve, Reina y Madre
de misericordia;
vida, dulzura y esperanza nuestra!

A ti llamamos los desterrados
hijos de Eva;

A ti suspieramos,
gimiendo y llorando
en este valle de lágrimas.

¡Ea, pues, Señora, Abogada nuestra,
vuelve a nosotros esos tus ojos
misericordiosos,
y después de este destierro
muéstranos a Jesús, fruto bendio
de tu vientre!

¡Oh, clementísima!
¡Oh, piadosa!
¡Oh, dulce Virgen María!

ORACION A LA INMACULADA CONCEPCION

OH, María, Madre de Jesús,
    y Madre mía también,
te venero y te amo
como la Inmaculada Concepción.

Tu alma es la más hermosa
    porque está llena de gracia
    y libre de todo pecado.

María, Madre purísima,
    a ti entrego mi cuerpo
    y mi alma;
    guardalos puros y santos.

¡Oh, María, sin pecado concebida,
    ruega por nosotros
    que acudimos a ti!

ORACION AL ANGEL DE LA GUARDA

ANGEL de Dios,
   mi querdio Guardián;
el amor que Dios me tiene
te ha enviado junto a mí.

En este día permanece junto a mí,
   para alumbrar y guiar,
   guardarme y dirigirme.

¡Mi querido Angel de la Guarda,
   enséñame a conocer a Dios,
   amarlo y servirlo
   y así salvar mi alma!

Aléjame de todo peligro,
   y condúceme al cielo.

ORACION POR MIS AMIGOS

JESUS, al jugar con otros niños,
ayúdame a recordar cómo
Tu jugaste siendo Niño.

Ayúdame para que mis amiguitos
sean felices en sus juegos,
porque Tú me has enseñado
a querer a mi prójimo
como a mí mismo.

¡Jesús, bendice a mis amigos!